EN QUÉ SE DIFERENCIAN LOS ANIMALES

Las patas y los pies de los animales

Jonatha A. Brown

Consultora de lectura: Susan Nations, M.Ed., autora/tutora de alfabetización/consultora
Consultora de ciencias y contenido curricular: Debra Voege, M.A., maestra de recursos curriculares de ciencias y matemáticas

Please visit our web site at: www.garethstevens.com
For a free color catalog describing Weekly Reader® Early Learning Library's list
of high-quality books, call 1-877-445-5824 (USA) or 1-800-387-3178 (Canada).
Weekly Reader® Early Learning Library's fax: (414) 336-0164.

Library of Congress Cataloging-in-Publication Data

Brown, Jonatha A.
   [Animal feet and legs. Spanish]
   Las patas y los pies de los animales / por Jonatha A. Brown.
      p. cm. — (En qué se diferencian los animales)
   Includes bibliographical references and index.
   ISBN-10: 0-8368-7414-5 — ISBN-13: 978-0-8368-7414-3 (lib. bdg.)
   ISBN-10: 0-8368-7419-6 — ISBN-13: 978-0-8368-7419-8 (softcover)
   1. Feet—Juvenile literature.   2. Leg—Juvenile literature.   I. Title.
   QL950.7.B7618   2007
   573.9'9833—dc22   2006019180

This edition first published in 2007 by
Weekly Reader® Early Learning Library
A Member of the WRC Media Family of Companies
330 West Olive Street, Suite 100
Milwaukee, WI 53212 USA

Editor: Gini Holland
Art direction: Tammy West
Cover design and page layout: Charlie Dahl
Picture research: Diane Laska-Swanke
Translation: Tatiana Acosta and Guillermo Gutiérrez

Picture credits: Cover, title, © Carol Walker/naturepl.com; p. 4 © Gary Carter/Visuals Unlimited;
p. 5 © Fritz Polking/Visuals Unlimited; pp. 6, 18 © Tom and Pat Leeson; p. 7 © Anup Shah/naturepl.com;
pp. 8, 15, 19 © Georgette Douwma/naturepl.com; p. 9 © Bob Newman/Visuals Unlimited;
p. 10 © Mack Henley/Visuals Unlimited; pp. 11, 14 © Michael H. Francis; pp. 12, 13 © Dave Watts/naturepl.com;
p. 16 © Joe & Mary Ann McDonald/Visuals Unlimited; p. 17 © Peter Blackwell/naturepl.com;
p. 20 © Lynn M. Stone/naturepl.com; p. 21 © John Waters/naturepl.com

Printed in the United States of America

1 2 3 4 5 6 7 8 9 10 09 08 07 06

Contenido

Cubierta y portada: Los caballos clydesdale tienen pies grandes cubiertos de pelo sedoso. El tamaño de los pies ayuda a este clydesdale a galopar con facilidad sobre un terreno desigual.

¡Escapa a la carrera!

En el mundo animal, hay muchos tipos diferentes de patas. Los ciervos tienen patas largas que les permiten correr muy deprisa. Los felinos tienen patas traseras poderosas para poder saltar sobre sus **presas**. Los topos tienen patas delanteras cortas y fuertes para excavar.

¡Este ciervo puede deberle la vida a sus patas!

Los monos usan los pies para agarrarse a las ramas de los árboles. Los caballos tienen cascos para correr sobre el duro suelo. Los halcones tienen garras para atrapar y agarrar animales pequeños. Cada tipo de animal tiene los pies y patas que necesita para seguir vivo, o **sobrevivir**.

Este halcón ha atrapado un pez con sus fuertes garras. Ahora lo lleva agarrado mientras sale volando.

Sus fuertes patas traseras permiten a este tigre avanzar a grandes saltos.

Correr y caminar

Los tigres, los jaguares y otros grandes felinos se alimentan de otros animales. Son **depredadores**. Para estos felinos, es importante tener unas fuertes patas traseras. Para atrapar a sus presas necesitan correr muy rápido. La mayoría de los felinos también usan sus patas traseras para impulsarse y saltar sobre su presa al final de la persecución.

Tanto los ciervos como los antílopes son animales de presa. Tienen que correr para escapar de felinos, lobos y otros depredadores. Los ciervos y los antílopes tienen patas largas para poder saltar y correr. Muchos animales de presa consiguen escapar del peligro gracias a sus largas patas.

Las patas de este antílope tienen que ser largas para permitirle escapar a la carrera de los animales que desean atraparlo.

Gracias a sus largas patas, los flamencos pueden vadear zonas de aguas profundas.

Los flamencos vadean lagos salados en busca de camarones. Sus patas largas y finas los ayudan a moverse con facilidad en el agua. Las patas de un flamenco son más largas que las de otras aves zancudas. Eso le permite vadear aguas más profundas.

Los camellos tienen pies grandes y anchos. Son capaces de caminar sobre la blanda arena del desierto sin hundirse. También los leopardos de las nieves tienen pies grandes, con mucho pelo entre los dedos. Sus pies peludos funcionan casi como raquetas, evitando que el felino se hunda en la nieve.

Estos camellos viven en el desierto arenoso. Sus pies grandes y anchos impiden que el animal se hunda en la arena del desierto cada vez que da un paso.

Las manos y los pies del gibón tienen forma de gancho. Este gibón puede colgarse de los pies y de las manos.

Balancearse y nadar

El gibón negro de mejillas blancas es un mono pequeño que pasa la mayor parte del tiempo en los árboles. Sus patas y pies son como brazos y manos. Los gibones pueden usar los pies como ganchos para pasar de una rama a otra.

Los castores, las ranas y los patos pasan mucho tiempo en el agua. Necesitan ser buenos nadadores. Todos estos animales tienen pies palmeados. Usan los pies en el agua como si fueran remos. Los pies palmeados también los ayudan a no hundirse en el barro.

Un pato usa sus anchos pies palmeados para avanzar en el agua.

El canguro tiene unas patas delanteras cortas y pequeñas y unas patas traseras grandes y fuertes. El canguro usa las patas traseras para saltar.

Saltar y trepar

Los canguros no corren. Usan sus grandes y fuertes patas traseras para saltar. Los conejos y las ranas también saltan impulsándose con sus patas traseras. ¡Saltando, estos animales pueden alcanzar la misma velocidad a la que corren muchos otros animales que usan cuatro patas!

Las ranas arborícolas viven en los árboles. Unas almohadillas adhesivas que tienen en la punta de los dedos les permiten sujetarse a ramitas y hojas. Los mapaches pasan la mayor parte de su vida en los árboles, pero no tienen dedos adhesivos. En lugar de eso, poseen unas fuertes garras para trepar.

Unas almohadillas adhesivas ayudan a la rana a agarrarse a la hoja con los dedos.

Esta zarigüeya usa los pies para sujetarse bien a la rama de un árbol.

Sujetar y excavar

Las zarigüeyas son buenas trepadoras porque sus pies son como manos. Tienen cuatro dedos en los pies similares a los dedos de una mano. También tienen uno que parece un pulgar. Esta semejanza con una mano ayuda a las zarigüeyas a agarrarse a ramas y lianas.

El koala también tiene pies con forma de manos. En las patas delanteras tiene cinco dedos, ¡dos de los cuáles son pulgares! Esto hace que el koala se agarre con mucha fuerza.

Este koala se ha agarrado a la rama con manos y pies. ¡Ahora puede echarse una siesta!

El monstruo de Gila usa sus afiladas garras y fuertes patas delanteras para excavar.

El monstruo de Gila vive en el desierto. Para librarse del sol del desierto, excava una **madriguera** en la tierra. Este lagarto tiene unas patas delanteras cortas y fuertes, y grandes garras. Sus poderosas patas y garras son muy buenas para excavar.

Atrapar, agarrar y pelear

Los pumas y la mayoría de los demás felinos tienen afiladas garras con las que atrapar y agarrar a sus presas. Cuando no son necesarias, las garras se retraen dentro de la zarpa. Por eso decimos que son **retráctiles**. Esto facilita que las garras estén siempre bien afiladas.

Este león ha atrapado a una cebra con sus garras. El gran felino agarra con fuerza a la cebra mientras ésta trata de escapar.

Los caballos usan sus fuertes patas traseras y sus duros cascos para pelear. Durante una pelea, un caballo puede llegar a matar a otro de una coz.

Algunos animales usan sus patas para pelear. Las avestruces tienen fuertes patas con unas duras garras. Las usan para arañar y patear a sus enemigos. Los caballos y las cebras tienen cascos duros. Una coz de cualquiera de estos animales puede producir graves heridas e incluso la muerte.

Algunos cangrejos macho disponen de una pinza muy grande. Cuando pelean, utilizan esta pinza como una maza. Los cangrejos de río usan sus pinzas para agarrar durante una pelea. ¡A veces agarran una pata del rival y tratan de arrancársela!

Este cangrejo macho tiene una pinza grande y otra pequeña. Cuando dos cangrejos machos pelean, se golpean mutuamente con sus pinzas grandes.

El lince canadiense vive en lugares de inviernos largos y abundante nieve. Este tipo de felino tiene gran cantidad de pelo en los pies, lo que le permite soportar el frío.

Unos pies y patas fabulosos

Los pies ayudan a los animales a mantener la temperatura. El lince canadiense tiene unos pies muy peludos. Gracias a este pelo tan denso, logra tener los pies calientes y secos en la nieve. Los pies de un perro lo ayudan a soportar el calor. ¡Para refrescarse, los perros sudan por los pies!

Las patas y los pies de los animales cumplen varias funciones. Los topos tienen patas cortas y garras largas para excavar. Las cebras tienen patas largas para correr. Los koalas tienen pies que se mueven como manos para trepar y arrancar hojas. Cada animal tiene el tipo de patas y pies que necesita para sobrevivir.

Las largas garras y las fuertes patas delanteras del topo lo ayudan a excavar una profunda madriguera, donde está a salvo y calentito.

Glosario

depredadores – animales que cazan a otros animales para comérselos

madriguera – agujero donde se oculta un animal

presa – animal que es cazado y devorado por otro animal

retráctil – capaz de ocultarse dentro de una envoltura protectora

sobrevivir – seguir viviendo

Más información

Libros

Babu. Roy Berocay, Daniel Soulier. (Alfafuara Infantil)

Dinosaurios: Garras y crestas. Seres prehistóricos (serie).
Joanne Mattern. (Gareth Sevens)

El Canguro. Heinemann Lee Y Aprende (serie). Patricia
Whitehouse. (Heinemann)

Mamíferos. Steve Parker. DK Eyewitness Books (serie).
(Altea Ediciones)

Índice

Información sobre la autora

Jonatha A. Brown ha escrito muchos libros de no ficción para niños. Vive en Phoenix, Arizona, con su marido, Warren, y dos perros, Sasha y Ava. Jonatha tiene también dos caballos, Fleetwood y Freedom. ¡Y tendría más animales, si no fuera por Warren! Ambos disfrutan observando coyotes, conejos, ardillas, lagartos y aves en su jardín.